BEI GRIN MACHT SICH IHR WISSEN BEZAHLT

AF141556

- - Wir veröffentlichen Ihre Hausarbeit,
  Bachelor- und Masterarbeit

- - Ihr eigenes eBook und Buch -
  weltweit in allen wichtigen Shops

- - Verdienen Sie an jedem Verkauf

Jetzt bei www.GRIN.com hochladen
und kostenlos publizieren

Bert Grashoff

Historische Philosophen als Projektionsflächen für gegenwärtiges Philosophieren am Beispiel Euklids von Alexandria

GRIN Verlag

Bibliografische Information der Deutschen Nationalbibliothek:

Die Deutsche Bibliothek verzeichnet diese Publikation in der Deutschen National-
bibliografie; detaillierte bibliografische Daten sind im Internet über http://dnb.d-
nb.de/ abrufbar.

Dieses Werk sowie alle darin enthaltenen einzelnen Beiträge und Abbildungen
sind urheberrechtlich geschützt. Jede Verwertung, die nicht ausdrücklich vom
Urheberrechtsschutz zugelassen ist, bedarf der vorherigen Zustimmung des Verla-
ges. Das gilt insbesondere für Vervielfältigungen, Bearbeitungen, Übersetzungen,
Mikroverfilmungen, Auswertungen durch Datenbanken und für die Einspeicherung
und Verarbeitung in elektronische Systeme. Alle Rechte, auch die des auszugsweisen
Nachdrucks, der fotomechanischen Wiedergabe (einschließlich Mikrokopie) sowie
der Auswertung durch Datenbanken oder ähnliche Einrichtungen, vorbehalten.

Impressum:

Copyright © 2005 GRIN Verlag GmbH
Druck und Bindung: Books on Demand GmbH, Norderstedt Germany
ISBN: 978-3-656-07375-8

Dieses Buch bei GRIN:

http://www.grin.com/de/e-book/68662/historische-philosophen-als-projektionsflae-
chen-fuer-gegenwaertiges-philosophieren

UNIVERSITÄT BREMEN
■ STUDIENGANG PHILOSOPHIE

Hausarbeit

Historische Philosophen als
Projektionsflächen für gegenwärtiges
Philosophieren am Beispiel Euklids von
Alexandria

Bert Grashoff
4. September 2005

Hauptfach Philosophie
Hauptstudium
Sommersemester 2005
09-429:
Das Wissen der Griechen

In dieser schriftlichen Referatsausarbeitung werde ich nach einer knappen Rekapitulation unseres gesicherten Wissens über Euklid von Alexandria zwei konträre moderne erkenntnistheoretische Vereinnahmungsversuche des Theoretikers Euklid darstellen und kritisch gegeneinander diskutieren.

Inhaltsverzeichnis

1 Gesichertes Wissen über Euklid

Euklid von Alexandria, der Autor der »Elemente«, hier zitiert nach [Thaer 1937], wird als Vater der systematischen Geometrie und der logisch-deduktiv verfahrenden Mathematik angesehen. Für lange Zeit und insbesondere in der Entstehungszeit der neuzeitlichen Physik galt das auf die Euklidschen »Elemente« bezogene Attribut »more geometrico«, „Nach Art der Geometrie", als Auszeichnung besonderer wissenschaftlicher Stringenz oder als Indiz für wissenschaftliches Arbeiten überhaupt.

Unser Wissen über Euklid ist sehr stark eingeschränkt. Zudem wird die Forschung dadurch erschwert, dass Euklid ein sehr gebräuchlicher Name im Altertum war, weswegen beispielsweise eine Verwechslung mit dem etwa 100 Jahre älteren Sokrates-Schüler Euklid von Megara vermieden werden muss.

Laut [O'Connor/Robertson 1999] gibt es dank dieser Ungewißheit über die Person Euklid auch drei grundsätzliche Hypothesen dazu, um wen oder was es sich beim Verfasser der »Elemente« handelt. Neben der Hypothese, dass es die Person Euklid gegeben habe, die auch alleiniger Verfasser der »Elemente« gewesen sei, gibt es noch die Vorstellung, dass Euklid bloß die wichtigste Gestalt einer Gruppe von Mathematikern gewesen sei, die gemeinsam und auch über den Tod Euklids hinaus an den »Elementen« gearbeitet hätten. Die dritte Hypothese entfernt sich noch weiter von der Vorstellung eines Autors namens Euklid für das grundlegende geometrische Werk: ihr zufolge sei Euklid nur das Pseudonym einer Gruppe von Mathematikern gewesen, die gemeinsam gearbeitet hätten. Das Pseudonym sei dieser Hypothese zufolge eine Referenz auf Euklid von Megara.

1.1 Euklids Leben

Sofern wir nicht der dritten Hypothese folgen, lebte Euklid von Alexandria etwa 325 bis 265 vor unserer Zeitrechnung. Gestorben ist er in Alexandria. Gewirkt hat er vermutlich ebenfalls dort. Außerdem wissen wir, dass er als geduldiger und disziplinierter Lehrer beschrieben wird. Vielmehr ist jedoch über sein Leben nicht bekannt.

1.2 Euklids Werk

Neben geometrischen und arithmetischen Untersuchungen hat sich Euklid mit Astronomie, Optik und Harmonik befasst. Viele seiner Werke sind allerdings verloren gegangen.

1.2.1 Die »Elemente«

Peter Janich betont, dass die antike Geometrie in Form der »Elemente« für 2500 Jahre das Erkenntnisideal bildete. Sein Lob kennt keine Grenzen: Es handle sich bei den »Elementen« um eine „beispiellose Strukturierungsleistung des menschlichen Wissens schlechthin" [Janich 2000, S. 359] und sogar um die „erfolgreichste Theorie aller Zeiten und Kulturen" [Janich 2000, S. 365]. Die wichtigsten Kennzeichen dieses Werkes seien

> „die Verbindung eines stringenten, ja beweisenden Argumentierens für Behauptungen mit einem Anfang aus Prinzipien oder Axiomen, die der Begründung weder fähig noch bedürftig seien. Nicht fähig, weil sie im deduktiven Modell der Argumentation die Anfänge bilden; nicht bedürftig, weil von zwingender Evidenz." [Janich 2000, S. 357]

Die moderne Mathematik seit Hilbert (1862–1943) unterscheidet sich darin von der Euklidschen Methode, dass ihr zwingende Evidenz suspekt ist und durch eine reine, anschauungsfreie Axiomatik ersetzt wird.

Vor allem der formale Aufbau der »Elemente« spielt eine entscheidende Rolle für ihren Vorbildscharakter: Definitionen, Postulate und Axiome stehen den deduktiv entwickelnden Paragraphen voran und klären die Voraussetzungen des theoretischen Vollzuges. In den Paragraphen werden abgesehen von einigen Fehlleistungen stringente Beweise dargebracht, die für ihre Beweiskraft nur von den Voraussetzungen und schon vorher Bewiesenem zehren. Außerdem werden mit Rücksicht auf eine einheitliche Systematik Vorgriffe konsequent vermieden, so dass an einigen Stellen komplexere Beweise vorgetragen werden als mit dem Wissen über spätere Beweise nötig wäre. Thematisch reichen die »Elemente« von der ebenen Geometrie, über die Proportionenlehre und ihrer Anwendung in der Geometrie und über die Arithmetik und die Lehre irrationaler Zahlen bis hin zur Stereometrie und der Konstruktion der fünf platonischen Körper.

Euklid ist nicht der Urheber der meisten Beweise. Seine Leistung besteht vor allem darin, das bereits von den vorangegangenen Mathematikergenerationen erarbeitete Material gesichtet, gesammelt und vor allem: systematisch angeordnet zu haben. Andererseits wird ihm durchaus zu Gute gehalten, oberflächlichere frühere Darstellungen durch unanfechtbare Beweise ersetzt und elegantere Formen für bestimmte Beweise gefunden zu haben. Die Elemente stellen eine Kompilation von Arbeiten insbesondere der antiken Theoretiker Oinopides, Hippokrates, den Pythagoreern, Eudoxos und seiner Nachfolger,

Theaitetos und vermutlich Archytas dar, vgl. hierzu [Knoor 2000, S. 360f.]. Knoor hält dort ebenfalls fest, dass Euklid vielleicht nur als Herausgeber fungiert haben könnte, der den Stoff bloß vereinheitlicht habe.

> „Doch selbst hier ist Vorsicht angebracht: Die vereinheitlichende Überarbeitung durch spätere Herausgeber muß beträchtlich gewesen sein; es ist daher unmöglich, mit Sicherheit zu sagen, was der uns vorliegende Text der von Theon von Alexandria (4. Jahrhundert n. Chr.) veranstalteten Ausgabe verdankt." [Knoor 2000, S. 361]

2 Euklid als Projektionsfläche

Ist also bereits zweifelhaft, inwieweit der uns heute vorliegende Text der »Elemente« sich überhaupt einem Autor Euklid verdankt, so haben die modernen Interpretation dieser Euklidschen Leistung sicherlich noch weniger mit den Intentionen des Autors zu tun. Die erkenntnistheoretische Auseinandersetzung mit einem wissenschaftshistorisch derart gewichtigem Erbe, wie es das Euklidsche Werk darstellt, ruft schnell den Verdacht wach, sie sei nicht bloß historisch an spezifischen Erkenntnisgeneseformen interessiert, sondern nehme vielmehr auch altehrwürdige Autorität als Mittel zur Stärkung eigener erkenntnistheoretischer Positionen in Anspruch. Ich werde diesen Verdacht an den beiden Aufsätzen von [Janich 2000] und [Schmitz 2000] näher untersuchen, die bezeichnenderweise auf sehr unterschiedliche Weise Euklid für ihre eigenen theoretischen Motive vereinnahmen.

2.1 Der Mundwerker Euklid

Peter Janich stellt die These auf, dass Euklid die antike Geometrie ‚platonisiert' und d. h. von ihrem handwerklichen Entstehungszusammenhang gelöst habe:

> „Dem historischen Euklid wird hier der Sieg der Mundwerker über die Handwerker angelastet, der fatale Folgen weit über die Grenzen erkenntnistheoretischer oder mathematischer Überlegungen hinaus hat. Diese These lässt sich in erster Annäherung dadurch vorbereiten, dass auf eine Selbstverständlichkeit verwiesen wird: Euklid war nicht ein aus dem Nichts kommender Erblasser für unsere abendländisch-europäische Tradition, sondern er war selbst bereits ein Erbe einer mehrhundertjährigen Vorgeschichte von Geometrie und

Mathematik, die im Lichte einer dogmatischen (nämlich platonischen) Philosophie nicht angemessen von Euklid aufgenommen wurde. Schon Euklid war der mundwerkliche Theoretiker, der den handwerklichen Zusammenhang der Gegenstände der Geometrie nicht beachtet hat." [Janich 2000, S. 369]

Janich suggeriert mit dieser These quasi eine Alleinverantwortung Euklids für „fatale Folgen", die über die Tradition der ‚Reinheit‘ der Mathematik hinausgehen. Leider verrät Janich nicht, an welche Folgen er dabei denkt. Die einzige Folge jener ‚Platonisierung‘, die sich aus meiner Sicht sinnvoller Weise als ‚fatal‘ bezeichnen ließe, wäre jedoch die weitgehende Trennung von körperlicher und geistiger Arbeit innerhalb moderner Arbeitsteilung, einschließlich der unterschiedlichen Wertigkeit des so Getrennten. Dieses Thema ist vor allem im Kontext historisch-materialistischer Theorieansätze beachtet worden, beispielhaft bei [Sohn-Rethel 1970]. Allerdings verläßt Janichs Aufsatz nicht die engen Grenzen eines philosophisch-erkenntnistheoretischen Diskurses. Phänomene gesellschaftlicher Natur bleiben bei ihm unthematisiert. Seine Argumentation beschränkt sich ausschließlich darauf, eine handwerkliche Genese mathematischen Wissens im geschichtlichen Ursprung zu plausibilisieren. Seine Perspektive ist damit wesentlich eine pragmatistische.

2.1.1 Die handwerkliche Produktion geometrischer Objekte

Janich will seine These stützen, indem er nachzuweisen sucht, dass die Probleme moderner Euklidinterpretation sich dann in Wohlgefallen auflösen, wenn die Euklidsche Erkenntnisproduktion vor dem Hintergrund der antiken handwerklichen Produktion geometrischer Formen neu reflektiert wird. Unmittelbar scheine etwa ein der Zeichenpraxis entspringendes Geometrieverständnis bei den Postulaten auf, z. B.:

„Daß man eine gerade Linie über ihre Endpunkte hinaus verlängern kann, ist eine sprachliche Wendung, die auf die Verwendung eines Lineals und auf das Zeichnen in einer Zeichenebene verweist." [Janich 2000, S. 360]

Am überzeugendsten gelingt Janich die Verteidigung seiner These anhand von Euklidscher Kreis- [Thaer 1937, Buch I, Definition 15, Bd. 1, S. 1] und Kugeldefinition [Thaer 1937, Buch XI, Definition 14, Bd. 5, S. 2]:

„Die Kreisdefinition als Linie, deren Punkte von einem Mittelpunkt denselben Abstand haben, bringt direkt das Zeichnen eines Kreises mit einem Zirkel oder einem starren Körper mit Dorn und Schreibstift zum Ausdruck. Würde die Kugel analog definiert, wäre sie als Fläche zu bestimmen, deren Punkte alle von einem Mittelpunkt denselben Abstand haben. Statt dessen definiert Euklid aber die Kugel durch Rotation eines Halbkreises um seinen Durchmesser. Dies ist, worauf Mathematikhistoriker längst aufmerksam gemacht haben, eine Art von ‚Steinmetzdefinition‘: Wenn ein Steinmetz eine Kugel herstellt, nützt ihm die Bestimmung wenig, dass die Oberfläche in allen Punkten vom Mittelpunkt gleich weit entfernt ist. Er wird vielmehr eine halbkreisförmige Schablone benützen, um das Herstellungsziel der Kugelform zu realisieren. Kurz, die Definition von Kreis und Kugel bei Euklid verweisen direkt auf den handwerklichen Herstellungszusammenhang, einen Kreis zu zeichnen bzw. eine Kugel aus einem festen Körper herzustellen.“ [Janich 2000, S. 360]

Relativ unklar bleibt hingegen, inwiefern die von Janich anvisierten Interpretationsprobleme durch seine These tatsächlich gelöst werden können. Als solche Probleme konstatiert er vor allem einen uneinheitlichen Umgang Euklids mit den geometrischen Grundformen ‚eben‘, ‚rechtwinklig‘ und ‚parallel‘:

„Für die Ebene gibt es nur eine Definition, für die Rechtwinkligkeit eine Definition und eine Eindeutigkeitsforderung, für die Parallelität eine Definition und eine spezielle Forderung.“ [Janich 2000, S. 362f.]

Die zusätzlichen Forderungen für Rechtwinkligkeit und Parallelität lassen sich Janich zufolge im Gegensatz zu den als Herstellungsanweisungen aufzufassenden Propositionen und Definitionen als Überprüfungsanweisungen verstehen. Durch solche Anweisungen würde nämlich die Einheitlichkeit der wissenschaftlichen Objekte erst überprüfbar und damit ein wesentliches Charakteristikum von Wissenschaft überhaupt hergestellt.

„Das griechisch antike Ideal einer Situations- und Personenunabhängigkeit von Aussagen und Begründungen in einer Theorie ist für die Geometrie so auszufüllen, dass für ihre Grundformen der Ebene, der Orthogonalität und der Parallelität eine von Eigennamen für Personen oder Dinge (wie z. B. das Pariser Urmeter) unabhängige, also prototypenfreie Reproduzierbarkeit erreicht werden kann.“ [Janich 2000, S. 363]

Bei der Bestimmung der Ebene wird die eine Reproduzierbarkeit gewährleistende Überprüfungsanweisung bereits in die Defintion [Thaer 1937, Buch I, Definition 7, Bd. 1, S.

1] mit einbezogen. Allerdings werde damit eine prinzipielle Gleichheit aller Ebenen nicht wie in den zusätzlichen Forderungen bei Rechtwinkligkeit und Parallelität einfach gefordert, sondern nur implizit vorausgesetzt. Janichs Argumentation beruht im Folgenden wesentlich darauf, dass dies in allen drei Fällen ein logisch nicht zu begründender Sprung von Existenz- in All-Aussagen sei: warum sollen die Objekte, die nach einer bestimmten Konstruktionsanweisung angefertigt wurden, auch untereinander identisch sein?

2.1.2 Exkurs: Janichs unzulängliche Ebenen-Definition

Bevor ich diese Frage weiterverfolge, möchte ich darauf hinweisen, dass Janich meines Erachtens hier einem falschen Verständnis der Ebenendefinition aufsitzt. In dieser wird gefordert, dass alle geraden Linien gleichmäßig zur Ebene liegen. Dies entspricht durchaus einer handwerklichen Herstellungsanweisung ähnlich der, die Janich für die Kreisdefinition postulierte: Durch Ziehen, Schieben und vor allem Rotieren eines geraden, dünnen und langen Gegenstandes, man denke etwa an eine gerade Metallstange, auf einem weicheren Untergrund, z. B. Sand, ist dann eine Ebene hergestellt, wenn die Metallstange bei jeder Bewegung stets mit allen Punkten auf dem Untergrund aufliegt. In seinem Bestreben, den Problemgehalt des Übergangs von Existenz- in All-Aussagen vorzubereiten, variiert Janich diese Definition dahingehend, dass sie Gleichheit zweier Ebenen suggeriere, wenn diese nämlich „frei verschiebbar auf dasselbe Passtück passen." [Janich 2000, S. 362] Janich übersieht, dass das Herstellungsverfahren für die Ebene bereits gleichzeitig ein Überprüfungsverfahren darstellt, und konstatiert mit seinem ‚Passstück-Verfahren' ein unnötiges weiteres Überprüfungsverfahren. Daraus folgert er dann erst das Problem des Übergangs von Besonderem zu Allgemeinem:

> „Mit dem Blick des Logikers ist ein solcher Eindeutigkeitssatz, der diese Passung aller Ebenen ungeachtet ihrer Herkunft behauptet, ein Sprung von einem Existenz- zu einem All-Satz (und kann als solcher nicht aufgrund der Logik allein gültig sein). Denn die prototypenfreie Reproduzierbarkeit beginnt ja mit der Definition, eine Platte P heiße eben, wenn *es* zu ihr zwei untereinander frei verschiebbare Passtücke *gibt*; dies ist, auch dem Laien ersichtlich, ein Existenzsatz. Der Eindeutigkeitssatz, daß *alle* Platten, zu denen es untereinander passende Passtücke gibt, aufeinander passen, ist auch dem Laien ersichtlich ein All-Satz. Das erkenntnistheoretische Problem dieses All-Satzes ist, wie er zu begründen ist, da er nicht logisch aus dem Existenzsatz der

8

Definition folgt." [Janich 2000, S. 363f.]

Zwar stößt Janich in der Tat auf ein zentrales Problem der Philosophie, das sich auch an dieser Stelle formulieren lässt und, wie wir noch sehen werden, auf andere Art von Schmitz ebenfalls an Euklid festgemacht wird: das Verhältnis von Allgemeinem und Besonderem. Aber Janich verkennt hier doch den Gehalt der Euklidischen Definition: die Ebene, also der zweidimensionale Raum par excellence, wird mit Hilfe eines (ideell) eindimensionalen Gegenstandes konstruiert und auf seine Konsistenz überprüft. Janich hingegen arbeitet mit dem Verschieben von zweidimensionalen Gebilden ('Passstücken') zur Überprüfung der Gleichheit anderer zweidimensionaler Gebilde, nämlich der Ebenen.

Nur am Rande kann hier darauf hingewiesen werden, dass Janich damit implizit, vermutlich ohne es zu wissen, einen der tiefsinnigsten Versuche der Philosophiegeschichte, das Verhältnis von Allgemeinem und Besonderem zu klären, im Vorbeigehen diskreditiert. Auf dem Höhepunkt idealistischer Philosophie erläuterte Hegel nicht grundlos anhand der Vorstellung des Übergangs von der Dimensionslosigkeit zur Dreidimdensionalität seinen Grenzbegriff. Dieser Grenzbegriff begründet innerhalb der Hegelschen Seinslogik seinerseits vermittels des Begriffs der Unendlichkeit das Verhältnis von Realität und Idealität und damit die erste Bestimmung des Verhältnisses von Allgemeinem und Besonderem innerhalb des Konzepts der 'Wissenschaft der Logik'.

„So ist also der *Punkt* nicht nur so Grenze der *Linie*, daß diese in ihm nur aufhört und sie als Dasein außer ihm ist, - die *Linie* nicht nur so Grenze der *Fläche*, daß diese in der Linie nur aufhört, ebenso die *Fläche* als Grenze des *Körpers*. Sondern im Punkte *fängt* die Linie auch *an*; er ist ihr absoluter Anfang; auch insofern sie als nach ihren beiden Seiten unbegrenzt oder, wie man es ausdrückt, als ins Unendliche verlängert vorgestellt wird, macht der Punkt ihr *Element* aus, wie die Linie das Element der Fläche, die Fläche das des Körpers. Diese *Grenzen* sind *Prinzip* dessen, das sie begrenzen; wie das Eins, z. B. als Hundertstes, Grenze ist, aber auch Element des ganzen Hundert.

Die andere Bestimmung ist die Unruhe des Etwas in seiner Grenze, in der es immanent ist, der *Widerspruch* zu sein, der es über sich selbst hinausschickt. So ist der Punkt diese Dialektik seiner selbst, zur Linie zu werden, die Linie die Dialektik, zur Fläche, die Fläche die, zum totalen Raume zu werden. Von Linie, Fläche und ganzem Raum wird eine zweite Definition so gegeben, daß durch die *Bewegung* des Punktes die Linie, durch die Bewegung der Linie die Fläche entsteht usf. Diese Bewegung des Punktes, der Linie usf. wird aber als etwas Zufälliges oder nur so Vorgestelltes angesehen. Dies ist jedoch eigentlich darin zurückgenommen, daß die Bestimmungen, aus denen Linie usf. entstehen sollen, ihre *Elemente* und *Prinzipien* seien, und diese sind nichts anderes als zugleich ihre Grenzen; das Entstehen wird so nicht für zufällig oder nur so vorgestellt betrachtet. Daß Punkt, Linie, Fläche, für sich, sich widersprechend, Anfänge sind, welche selbst sich von sich abstoßen, und der Punkt somit aus sich durch seinen Begriff in die Linie übergeht, *sich an sich bewegt* und sie entstehen macht usf., - liegt in dem Begriffe der dem Etwas immanenten Grenze." [Hegel 1832, S. 138]

2.1.3 Janichs Definitionsmacht

Habe ich oben konstatiert, dass Janich sich keiner gesellschaftstheoretischen Argumente bedient, so ist dies streng genommen falsch, insofern er die von der Antike bis heute funktionierende Tradierung einer spezifischen Wertschätzungshierarchie behauptet:

„Als Euklids Erben hängen wir, wie oben gesagt, einer antiken Wertschätzungshierarchie an, wonach der Theoretiker eine höhere Erkenntnisform verfolgt als der Praktiker, und noch einmal der Praktiker (im platonisch-aristotelischen Sinne: z.B. als Politiker) eine höhere Erkenntnisform anstrebt als der Poietiker, also der Handwerker." [Janich 2000, S. 363]

Unabhängig davon, dass sich durchaus kritisch diskutieren ließe, ob die antiken Griechen im Allgemeinen eine solche Hierarchisierung geteilt haben und ob eine derartige Kontinuität tatsächlich historisch plausibel anmutet, scheint Janich als Träger dieser Tradierung allein die Weitergabe der entsprechende Theorie anzusehen. So heißt es einige Sätze später:

„Als Erben der Antike und des euklidischen Theorienvorbildes stellt sich uns eine weitere Aufgabe: Wenn es für die Grundbegriffe der Ebene, der Rechtwinkligkeit und der Parallelität einerseits Definitionen (durch Herstellungsbzw. Kontrollverfahren), andererseits Postulate der Eindeutigkeit (als Gleichheit der Herstellungsresultate) formuliert sind, ist damit noch nicht geklärt, was die ‚idealen' oder ‚mathematischen' Gegenstände der Geometrie im Unterschied zu den sinnlich wahrnehmbaren, handwerklich erzeugten Gegenständen wie Zeichenebenen, Linealkanten, oder gezeichneten Figuren sind. Hier hat vor allem die Philosophie Platons den Anfang einer zweieinhalbtausendjährigen, unglücklichen Geschichte gesetzt. Vor allem in popularisierenden oder hilflosen Erläuterungsversuchen begegnet noch heute die Vorstellung, die gezeichneten Figuren eines Kreises oder eines gleichseitigen Dreiecks seien nur schlechte Annäherungen an die ‚Idee' des Kreises bzw. des gleichseitigen Dreiecks, ein unwürdiges Spielmaterial für unsere unzuverlässigen Sinne, mit dem zusätzlichen Makel, dass jeder gezeichnete Kreis, jedes gezeichnete Dreieck eine reale Größe (genauer ein Größenverhältnis zum Beispiel zu unserem eigenen Körper) haben. Die idealen Figuren dagegen seien absolut, hätten keine Größe (genauer kein Größenverhältnis zu einem Größenstandard). Und nur die sinnlichen Gegenstände, die nur eine gewisse Teilhabe an der Idealität mathematischer Gegenstände hätten, seien mit allen Schwächen der Vergänglichkeit oder der Beweglichkeit belastet - im Unterschied zu den idealen Gegenständen." [Janich 2000, S. 364f.]

Zwar beschreibt Janich hier durchaus zutreffend ein vulgär-idealistisches Verständnis des Verhältnisses von Realem und Idealem, aber er tut gleichzeitig so, als würde sich dieses Verständnis selbständig tradieren. Eine Reflexion auf ökonomische und soziokulturelle Gründe für diese Tradierung findet bei Janich nicht statt, im Gegensatz zum Beispiel zu den plakativen Äußerungen Kritischer Theorie:

„Die Allgemeinheit der Gedanken, wie die diskursive Logik sie entwickelt, die Herrschaft in der Sphäre des Begriffs, erhebt sich auf dem Fundament der Herrschaft in der Wirklichkeit." [Horkheimer/Adorno 1944, S. 20]

Somit grenzt Janich sich zwar einerseits von Vulgäridealismen ab, bleibt in seiner Kritik aber selber idealistisch-abstrakt. Sein Bezug auf Gesellschaftliches bleibt also eigentlich leer oder höchstens darauf beschränkt, einen Unterschied zwischen Sklavenhalter- und bürgerlicher Gesellschaft zu *suggerieren*. Gleichzeitig ist Gesellschaftliches aber auch von ausgezeichneter Relevanz für seine Argumentation:

„Wir brauchen uns heute nicht der Geringschätzung körperlicher Arbeit anschließen, die in der antiken Polis zwischen dem Polites und den Sklaven institutionalisiert war. [...] Das heißt, wir sind (1) zwangsläufig immer poietisch handelnde Menschen, und beachten dabei (2) die Reihenfolge solcher Teilhandlungen in Handlungsketten, die nur bei Strafe des Misserfolgs vertuscht werden können. Es sind also weder Natur- noch Sittengesetze, die Handlungsketten der Poiesis in bestimmte Reihenfolgen bringen, sondern allein ihr Mittelcharakter für die durch sie verfolgten Zwecke." [Janich 2000, S. 366]

Ein befreiterer Blick auf die Erkenntnistheorie wird Janich also dadurch ermöglicht, dass wir heute alle Poietiker sind.

2.1.4 Janichs Pragmatismus

Im letzten Zitat wurde bereits angedeutet, wie Janich die Möglichkeit ‚platonischer' Geometrie begründen will: Die zu einem Zweck erfolgreich hinführenden Handlungsketten können qua Sprache fixiert werden und dann so behandelt werden, ‚als ob' sie sich voneinander lösen und beliebig anordnen ließen.

„Man verhandelt ideale Gegenstände im Sinne eines Ideationsverfahrens, das sich allein im Sprachlichen vollzieht. Man beschränkt sich auf die (logischen) Folgerungen aus den Herstellungsanweisungen. Dabei werden diese Anweisungen wie Behauptungen behandelt, also ihres auffordernden Charakters entkleidet". [Janich 2000, S. 368]

Dreh- und Angelpunkt ist hierbei offensichtlich die Sprache, die uns die Möglichkeit bietet, Einzelhandlungen zu fixieren und damit gegeneinander zu isolieren.

Das Problem des Übergangs von Besonderem zu Allgemeinem, das Janich mit Bezug auf die Eindeutigkeit von Ebenen, rechten Winkeln und Parallelen an Euklid festgemacht hat, soll nun von ihm einer Lösung zugeführt werden. Wie ich bereits oben gesagt habe, kann diese Lösung meines Erachtens kaum überzeugen.

Janich behauptet einfach, dass die Eindeutigkeit der angesprochenen geometrischen Verh"ältnisse selbst zum Zweck einer Handlung wird und folgert unmittelbar, dass sie damit auch schon legitimiert ist:

„Die Eindeutigkeit (im Sinne der prototypenfreien Reproduzierbarkeit) wird als Zweck gesetzt, für den jeweils als Mittel das entsprechende Realisierungsverfahren (in einer explizit normierten Terminologie) angegeben wird. Mit

12

anderen Worten, der Übergang von der Beschreibung sinnlich wahrnehmba-
rer Produkte von Herstellungshandlungen zu den idealen Gegenständen der
Geometrie ist kein nebensächlicher Luxus, sondern der unerlässliche Schritt,
um die beanspruchte Qualität der geometrischen Theorie (transsubjektive
und universelle Geltung) ausweisen zu können." [Janich 2000, S. 368]

Entsprechend endet Janich damit, den die neuzeitliche Philosophie stets begleiten-
den Universalienstreit einfach dadurch zu suspendieren, dass zwischen Handlung und
Erkenntnis ein Isomorphismus besteht:

„Statt naiv realistisch naturwissenschaftliche Erkenntnis als Abbild des Na-
turgegebenen aufzufassen, liegt dann das antike Erbe Euklids eine andere
Abbildtheorie der Erkenntnis nahe: Weder bilden sich die Dinge der Körperwelt in die Wörter der Theorien ab, noch die Verhältnisse der Dinge, also
die Sachverhalte in die Aussagen der Theorie. Vielmehr werden die Gegenstände wie die Sachverhalte, über welche die Sätze der Theorie etwas sa-
gen, durch die sprachfreien Handlungen und ihre Produkte sowie durch die
Künste aufeinander hierarchisch geschichteter Metasprachen abgebildet. Zu-
gespitzt formuliert: Statt eines Ding- oder Relationenisomorphismus (Gleich-
gestaltigkeit unter ausgewählten, explizit angegebenen Aspekten) zwischen
menschenunabhängiger Körperwelt und Theorie tritt ein Isomorphismus zwischen handelnd realisierten Sachverhalten und ihren (primär präskriptiven)
sprachlichen Fassungen." [Janich 2000, S. 370]

Nach der Revision durch Janich besteht also Euklids Erbe nicht länger in den ‚fata-
len‘ Konsequenzen eines Mundwerkers, sondern in der Produktion von Identität zwischen
Handeln und Sprechen. Allein mit dieser geringfügigen Verschiebung der erkenntnistheoretischen Perspektive wird also das Verhältnis von Theorie und Praxis, Kopf und Hand
versöhnt.

2.1.5 Probleme bei Janich

Meines Erachtens kann Janichs Ansatz nicht sehr stark überzeugen, da er eine Antwort
auf die Frage schuldig bleibt, wodurch eine prästabilierte Harmonie im Verhältnis von
Handlung und Sprache plausibel sein soll. Seine anfängliche Skepsis gegenüber von Praxis
losgelöster Theorie transformiert sich in Affirmation dieser Theorie, insofern sie sich als

für die Praxis nützlich erweist. Es bleibt aber gänzlich ungeklärt, wie der Übergang von realen Handlungen und Diskursivierung dieser Handlungen zu denken ist. Noch unklarer bleibt, wie bloße, besondere Handlungsabläufe die Möglichkeit theoretischer Verallgemeinerung beinhalten sollen.

Damit zusammenhängend kann Janich ebenfalls nicht begründen, warum es uns möglich ist, die diskursivierten Einzelhandlungen bloß denkend miteinander so zu kombinieren, dass dabei neue Denk-Erfahrungen entstehen. Problematisiert er also einerseits die deduktive Kunst des ‚Mundwerkers' Euklid, zeigt er sich andererseits unbekümmert über diese, sofern sie nur irgendwie an Handlung gebunden sind. Dass Denken aber offenbar eine ganz eigene Qualität ist, die nicht unmittelbar als Reflex von Handlungen anzusehen ist, zeigt sich auch bei Janich darin, dass er gar nicht erst versucht, eine nähere Bestimmung davon zu geben, was der Begriff Deduktion nach seiner Perspektivverschiebung bedeuten kann.

Und insgesamt bleibt auch rätselhaft, warum Janich das Problem des Verhältnisses von besonderer Praxis und verallgemeinerter Theorie ausgerechnet an Euklid diskutiert, so als gäbe es nicht eine mehrtausendjährige Geschichte dieses Problems. Denn es ist wenig überzeugend, Euklid allein die Tradierung der genannten Wertschätzungshierarchie anzulasten. Alleine weil insbesondere auch mit dem Entstehen der moderenen Naturwissenschaft Theorie erfolgreich in systematischer Ordnung produziert werden konnte, kann ein Nutzen der Tradierung dieser Wertschätzungshierarchie für die späteren Akteure vermutet werden. Warum aber, wenn Erkenntnisproduktion auch mit vulgäridealistischen Vorstellungen funktioniert hat, sollten wir zu einem derartigen Perspektivwechsel übergehen, wie Janich ihn vorschlägt?

2.1.6 Schmitz: Euklid schuf synthetische Urteile a priori durch syllogistisches Schließen

Nachdem ich mich ausführlich mit Janichs Ansatz befasst habe, werde ich nur sehr kurz rekapitulieren, inwiefern Schmitz Euklid für seine erkenntnistheoretische Theses ausschlachtet.

Schmitz diskutiert im Prinzip das selbe Problem wie Janich: das Verhältnis von allgemeiner Theorie und besonderer Erfahrung. Im Gegensatz zu Janich behauptet Schmitz aber eine Eigenständigkeit der Theorie und ihrer Entwicklung. Während Janich also wenig überzeugend aufzuzeigen versucht, dass Theorie substantiell von der Praxis abhängt,

14

erweist Schmitz dem eigenen Verständnis nach – mit Kant gesprochen, in dessen Tradition Schmitz sich offensichtlich sieht: – die Möglichkeit synthetischer Urteile a priori an einem Beispiel aus den »Elementen«. Seine Schlussfolgerung lautet dementsprechend:

> „Vielmehr zeigen Euklids logisch korrekte Beweisgänge selbst bei Heranziehen eines einzelnen Falles der Vorstellung die Möglichkeit eines genuin begrifflich allgemeinen, stringenten und widerspruchsfreien, inhaltlichen Fortschreitens von Erkenntnis." [Schmitz 2000, S. 203]

Zu dieser Schlussfolgerung gelangt Schmitz, indem er beispielhaft den 32. Beweis im ersten Buch der »Elemente« so umstellt, dass er die prädikatenlogische Form des Syllogismus vom Typ BARBARA trägt und frei von anschaulichen geometrischen Figuren funktioniert, vgl. [Thaer 1937, Buch I, § 32, Bd. 1, S. 23] und [Schmitz 2000, S. 198ff.].

Ich möchte auf Schmitz' Argumentation aus Platzgründen nicht näher eingehen. Allgemein will ich aber zumindest eine gewisse Skepsis nicht verhehlen: Mir scheint Schmitz Argumentation in gewisser Weise redundant. Selbst von Janich wird ja trotz seiner starken Gewichtung der praktischen, a-logischen Wurzeln der Theorie beispielsweise nicht angezweifelt, dass die Euklidischen Beweise eine logische Form haben und fähig sind, Allgemeines zu formulieren. Schmitz tut nun so als wäre dies bezweifelt worden und belegt anhand eines Beispiels, dass Euklids Beweise sich in der Tat in eine prädikatenlogisch korrekte Form transformieren lassen. Ihm kommt es darauf an, den Euklidischen Beweis noch von den letzten Spuren einer räumlichen Vorstellung zu reinigen, um so konstatieren zu können, dass reine, anschauungsfreie Erkenntnisproduktion möglich ist. Die unausgesprochene Alternativvorstellung davon, wie die in den »Elementen« formulierten Beweise erkenntnistheoretisch zu erklären wären, scheint mir demgegenüber jene vulgäridealistische zu sein, die Janich anprangert: die in eine ideale Welt imaginierten geometrischen Skizzen enthalten qua Vorstellungsgehalt den Keim zum Erkenntnisfortschritt. Da eine solche Position kaum ernsthaft vertreten werden kann, führt Schmitz meines Erachtens intellektuelle Spiegelgefechte aus.

Aus einer anderen Perspektive wird vielleicht klarer, welches Problem Schmitz' Argumentation meines Erachtens enthält: Schmitz will von einem bestimmten, sowohl formalen wie inhaltlichen Aspekt der Euklidischen Beweise, nämlich dem Bezug auf vorgestellte Zeichnungen, abstrahieren. Um dies unternehmen zu können, transformiert er diesen Aspekt in einen ausschließlich inhaltlichen, indem er nämlich alle räumlichen Verhältnisbestimmungen in bloße Objekte verwandelt, die für die prädikatenlogische Form

15

von keinem weiteren Interesse sind, sondern nur das Material für die prädikatenlogischen Verhältnisse abgibt. Er streicht damit virtuell durch, worum es Euklid inhaltlich geht: die geometrischen Figuren und ihre Verhältnisse. Gleichzeitig tut er – ganz konträr zu Janich – so, als wäre das prädikatenlogische Instrumentarium selbst vom Himmel gefallen, bzw. ewige Denkgesetzlichkeit. Dies ist zumindest historisch unplausibel, weil es sonst keinen Fortschritt in den logischen Disziplinen geben könnte. Wenn es aber eine historische Genese des logischen Instrumentariums gibt, so müsste Schmitz im Dienste seiner These eigentlich beweisen, dass diese Genese erfahrungs- und vorstellungsunabhängig ist, bevor er dieses Instrumentarium einfach anwendet.

3 Theoretisieren über Theorie anhand antiken Theoretikers

Klar sollte geworden sein, dass Janich und Schmitz sich auf die gleiche historische Figur beziehen, auf das gleiche mathematische Werk und sogar auf das gleiche erkenntnistheoretische Problem - und doch zu völlig unterschiedlichen Ergebnissen kommen.

Einerseits lässt sich meine Eingangsthese, dass Euklid in beiden Fällen nur zur autoritativen Absicherung dient, daran bestätigen, dass in beiden Fällen Euklid nur für den Problemaufriss gut ist und die erkenntnistheoretischen Argumentationen sich nicht auf Euklidsche Reflexionen berufen können und auch vergleichsweise desinteressiert an den inhaltlichen Gegenständen der Euklidschen Werke sind. Dies ist in gewisser Weise auch selbstverständlich, da es sich bei Euklid schließlich in erster Linie um einen Mathematiker handelt, bei den Autoren aber um Philosophen.

Allerdings ist nicht von der Hand zu weisen, dass die vielen Gemeinsamkeiten von Janich und Schmitz auch etwas mit Euklid zu tun haben. Tatsächlich gibt die Theoretisierung, und das heißt immer auch: Verallgemeinerung praktischer Probleme beständig das Problem auf, wie es uns Menschen möglich ist, aus Konkretem Allgemeines zu folgern. Euklid stellt insofern einen ausgezeichneten historischen Fokus auf dieses Problem dar, als er einerseits praktische Gegenstände untersuchte (im Gegensatz zur axiomatischen Mathematik ist die Euklidische Geometrie offensichtlich praktisch orientiert), diese andererseits in eine systematische Ordnung brachte. Als Vorzug für philosophische Debatten dürfte nebenbei eine Rolle spielen, dass der Inhalt der »Elemente« kaum über heutiges Schulwissen hinaus geht. Zwar ließe sich das erkenntnistheoretische Problem aktueller auch beispielsweise anhand quantentheoretischer Forschungslogik diskutieren, dies würde von den Diskutanten allerdings weitaus mehr praktisches Spezialwissen erfordern.

16

Interessanter Weise ignorieren beide Autoren den meines Erachtens eigentlichen Kern des Problems, das sie stellen: Wie ist eine Genese des formalen, das heißt wesentlich logischen Instrumentariums der Wissenschaften denkbar? Adorno hatte dieses Problem und die es umgebende Ignoranz der erkenntnistheoretisch Interessierten im ›Positivismusstreit‹ auf folgende prägnante Formel gebracht:

„Carnap, einer der radikalsten Positivsten, hat es einmal als Glücksfall bezeichnet, daß die Gesetze der Logik und reinen Mathematik auf die Realität zutreffen. Ein Denken, das sein ganzes Pathos an seiner Aufgeklärtheit hat, zitiert an zentraler Stelle einen irrationalen – mythischen – Begriff wie den des Glücksfalls, nur um die freilich an der positivistischen Position rüttelnde Einsicht zu vermeiden, daß der vermeintliche Glücksumstand keiner ist, sondern Produkt des naturbeherrschenden oder, nach der Terminologie von Habermas, »pragmatistischen« Ideals von Objektivität. Die von Carnap aufatmend registrierte Rationalität der Wirklichkeit ist nichts als die Rückspiegelung subjektiver ratio. Erkenntnistheoretische Metakritik dementiert die Geltung des Kantischen subjektiven Aprioritätsanspruchs, bestätigt jedoch Kant dergestalt, daß seine Erkenntnistheorie, intendiert als eine der Geltung, die Genese der szientistischen Vernunft höchst adäquat beschreibt. Was ihm, in großartiger Konsequenz der szientistischen Verdinglichung, als die Kraft der subjektiven Form dünkt, welche die Wirklichkeit konstituiert, ist in Wahrheit die Summa jenes geschichtlichen Prozesses, in dem die sich loslösende und damit vergegenständlichende Subjektivität als totale Herrscherin von Natur sich aufwarf, das Herrschaftsverhältnis vergaß und es verblendet in die Schöpfung des Beherrschten durch den Herrscher umdeutete." [Adorno 1972, S. 30]

Literatur

[Adorno 1972]   Theodor W. Adorno [1972], Einleitung in den Positivismus-treit in der deutschen Soziologie, in: Theodor W. Adorno, Ralf Dahrendorf, Harald Pilot, Hans Albert, Jürgen Haber-mas, Karl R. Popper, Der Positivismusstreit in der deut-schen Soziologie, Luchterhand-Verlag Darmstadt, 8. Aufla-ge, 1980, S. 7 - 79.

[Hegel 1832]   Georg Willhelm Friedrich Hegel [1832], Wissenschaft der Logik I. Erster Teil: Die objektive Logik. Erstes Buch: Die Lehre vom Sein, Hg. von Friedrich Hogemann und Walter Jaeschke, Düsseldorf 1985, zitiert nach der Werke-Ausgabe, Band 5, im Suhrkamp-Verlag Frankfurt am Main, 4. Aufla-ge, 1996.

[Horkheimer/Adorno 1944] Max Horkheimer und Theodor W. Adorno [1944], Dialektik der Aufklärung. Philosophische Fragmente, Fischer-Verlag, Frankfurt am Main 1988 (Neuauflage).

[Knoor 2000]   W. Knoor, Mathematik, in: J. Brunschwig, G. Lloyd, Das Wissen der Griechen. Eine Enzyklopädie, München 2000, S. 346-369.

[Janich 2000]   Peter Janich, Euklids Erben, in: Cobet, Gethmann u.a. (Hg.), Europa. Die Gegenwärtigkeit der antiken Überliefe-rung, Aachen 2000, 357-371.

[O'Connor/Robertson 1999] J. J. O'Connor and E. F. Robertson, Euclid of Alexandria, Artikel auf: http://www-groups.dcs.st-and.ac.uk/~history/Mathematicians/Euclid.html, Seite der School of Mathematics and Statistics, Universität St. Andrews, Scotland, gesehen am 26.08.2005.

[Thaer 1937]   Clemens Thaer (Herausgeber und Übersetzer), Die Elemen-te von Euklid, 5 Bände, Akademische Verlagsgesellschaft Leipzig 1937.

[Schmitz 2000]   Markus Schmitz, Euklid. Grundlegung einer Wissenschaft?,
                      in: M Erler, A. Graeser, Philosophen des Altertums. Von der
                      Frühzeit bis zur Klassik, Darmstadt 2000, S.191-203.

[Sohn-Rethel 1970]   Alfred Sohn-Rethel, Geistige und körperliche Arbeit. Zur
                      Theorie der gesellschaftlichen Synthesis, Frankfurt am Main
                      1970.